Katharina Mauder

Weihnachtliche Reise um die Welt

Mit Illustrationen von Sabine Waldmann-Brun

Kaufmann Verlag

Ach, ist das schön kuschelig im Bett! Und es duftet immer noch nach den Lebkuchen, die Luka und seine Mutter vorhin bei wunderschöner Weihnachtsmusik gebacken haben. Mmh, köstlich! Noch besser als die leckersten vom Weihnachtsmarkt!

Luka streichelt sanft über den kleinen Stern, den er heute früh aus seinem Adventskalender gezogen hat. Den will er morgen, am Heiligen Abend, auf jeden Fall an den Weihnachtsbaum hängen!

„Das wird der beste Baum der Welt! Und überhaupt feiert bestimmt niemand so schön Weihnachten wie wir!", murmelt Luka lächelnd, kuschelt sich an Herrn Bär und spürt, wie er immer müder wird …

Aber was zupft denn da an Lukas Schlafanzug?! Und dann springt plötzlich ein kleines Mädchen mit einem funkelnden Stern im Haar übermütig auf sein Bett.

„Hallo, Luka, mein Name ist Nayra Weihnachtsstern."

Luka reibt sich kräftig die Augen. „Äh … äh … wer bist du?", fragt er verwirrt.

„Keine Angst!", lächelt Nayra. „Ich bin ein Sternenmädchen. Wir bringen die Sterne zum Leuchten, und weil in der Weihnachtszeit alles voller Sterne ist, ist das meine allerliebste Zeit im Jahr!", schwärmt sie. Dann sieht sie Luka neugierig an: „Du sagtest eben, dass niemand auf der ganzen Welt so schön Weihnachten feiert wie du und deine Familie. Stimmt das wirklich?"

„Oh … ähm …", murmelt Luka verlegen, „ich weiß nicht so genau."

„Ach so", antwortet Nayra enttäuscht. Doch dann hellen sich ihre Augen auf. „Hast du nicht Lust, es herauszufinden? Lass uns doch einfach schauen, wie die Kinder in anderen Ländern Weihnachten feiern! Das wird ein Riesenspaß!"

Luka kann es gar nicht fassen. Was für eine supertolle Idee!

Nayra nimmt Lukas Hand und – *schwups!* – steht er in einer weiten Winterlandschaft. „Das ging aber schnell! Wo sind wir?", staunt er.

„Das ist das Gasteiner Tal in Österreich", erklärt Nayra, und Luka blickt sich neugierig um.

„Ach du Schreck!" Luka zieht scharf die Luft ein. Gerade hat er die zotteligen Monster entdeckt, die nicht weit von ihnen durch den Schnee toben. „Bloß weg hier!", ruft er aufgeregt.

„Quatsch, keine Angst, Sankt Nikolaus hat seine *Krampusse* super im Griff", schmunzelt Nayra. „Sie sind so etwas wie der Knecht Ruprecht in Deutschland."

„Aha." Luka nickt, immer noch beunruhigt. Sieht gerade eines der haarigen Monster in seine Richtung? „Der österreichische Nikolaus ist wohl sehr streng", vermutet er.

„Nein", winkt Nayra ab, „die Kinder werden von ihm und seinem *Engerl* gesegnet und bekommen eine *Guazl-Tüte* vom *Körbelträger*."

Luka bekommt große Augen. „Wow, der Mann mit dem riesigen Korb ist nur dazu da, die Süßigkeiten für die Kinder zu tragen? Vielleicht ist dieser Sankt Nikolaus doch nicht so schlecht!", freut er sich und zwinkert Nayra zu.

Als Nächstes findet sich Luka – *schwuppdiwupp!* – am Strand wieder.

„Nanu, ich dachte, wir schauen, wie andere Kinder Weihnachten feiern", wundert sich Luka und muss sich bereits den Schweiß von der Stirn wischen.

„Na klar!", lacht Nayra. „Aber Australien liegt auf der Südhalbkugel der Erde, und hier sind die Jahreszeiten umgedreht. Da ist im Dezember Hochsommer."

„Echt?!", staunt Luka und sieht sich mit offenem Mund um.

„Und weil Weihnachten im Sommer ist, können die Australier immer ein Truthahnpicknick am Strand veranstalten", erklärt Nayra weiter.

Oh, stimmt ja, das Essen auf den großen Picknickdecken sieht richtig lecker aus. Aber noch verlockender findet es Luka, mal schnell ins Wasser zu springen, um sich abzukühlen!

„Weihnachten und Sommerurlaub gleichzeitig – ganz schön verrückt!", stellt er lachend fest.

Vom Strand in Australien sausen Luka und Nayra Weihnachtsstern – *huuuii!* – in eine Stadt, wo wieder tiefster Winter herrscht.

„Willkommen in Schweden!", verkündet Nayra leise.

„Wie schön das aussieht", haucht Luka. Er kann sich gar nicht sattsehen an den singenden Kindern, die in langen weißen Kleidern und mit Kerzen durch die abendlichen Straßen ziehen.

„Ja, sind sie nicht bezaubernd?!", flüstert Nayra. „Die *Sternenjungen* dort hinten und die *Lichtermädchen* – und das …", Nayra deutet mit leuchtenden Augen auf das forderste Mädchen, das auf ihren langen blonden Locken einen Lichterkranz trägt, „das ist die *Lucia*! Heute feiern die Schweden nämlich den Tag der heiligen Lucia."

„Oh, die kenne ich gar nicht. Was hat sie denn gemacht?", fragt Luka.

„Vor allem war sie wahnsinnig mutig!", erklärt Nayra. „Sie hat nämlich verfolgten Christen nachts heimlich Essen in ihr Versteck gebracht. Und um die Hände im Dunkeln frei zu haben, trug sie einen solchen Kerzenkranz auf dem Kopf."

„Mutig und ziemlich schlau", stellt Luka fest und lächelt Nayra zu. „Was für ein schönes Fest!"

Als Nayra diesmal Lukas Hand nimmt, findet er sich – *swusch!* – inmitten einer Gruppe Kinder wieder. Die überreicht gerade einer Frau einige Holzfiguren.

„Das ist eine *Posadas-Gruppe*", erklärt Nayra lächelnd. „Die Kinder in Mexiko spielen vor Weihnachten die Herbergssuche von Maria und Josef nach. Sie ziehen jeden Tag zu einem anderen Haus, singen Lieder und fragen, ob die Figuren dort übernachten dürfen."

„Oje, und wird das so oft abgelehnt wie in der richtigen Geschichte?", möchte Luka wissen.

„Nein, die Mexikaner freuen sich, wenn die Figuren zu ihnen kommen. Deshalb bereiten sie für die Kinder auch Früchtepunsch und süßes Gebäck zu – und sogar eine große, bunte *Piñata*! Später darf ein Kind mit verbundenen Augen und einem langen Stock dreimal danach schlagen. Wenn es ein Loch in die *Piñata* haut, dürfen sich alle die Süßigkeiten, Nüsse und Früchte nehmen, die herausfallen. Sonst kann das nächste Kind sein Glück versuchen."

„Haha, das klingt ja eher nach Fastnacht als nach Weihnachten", kichert Luka. Aber auf die Süßigkeiten und das süße Gebäck hätte er auch Lust!

Diesmal geht es noch schneller als zuvor – *zzzumm!* –,
schon steht Luka in einer verschneiten Straße. Die Häuser um ihn
herum sind so kunterbunt mit Lichtern und Weihnachtsfiguren dekoriert, dass es
Luka an einen Vergnügungspark erinnert.

„Schau mal, dort hinten!", stupst Nayra ihn an.

Luka bemerkt eine Gruppe fröhlicher Menschen, die alle einen roten Schal tragen. Sie klingeln
an einer Haustür und beginnen zu singen.

„Das sind *Christmas Carolers*, Weihnachtssänger", erklärt Nayra. „In den USA ziehen sie in der
Adventszeit von Haus zu Haus. Sie wollen mit ihrer Musik die Menschen in Weihnachtsstimmung bringen und außerdem Spenden für die Armen und Bedürftigen sammeln."

Luka nickt lächelnd. „Was für eine schöne Idee!" Und plötzlich kommt ihm etwas bekannt vor:
„Das Lied klingt ja genau wie *Stille Nacht, heilige Nacht!*"

„Ja, auf Englisch heißt es *Silent Night*", weiß Nayra. „Es wurde in ganz viele Sprachen übersetzt."

Wow, das wusste Luka ja gar nicht! Dann kann er ja fast bei den *Christmas Carolers* mitsingen
und Weihnachtsstimmung verbreiten!

Als Nächstes findet sich Luka – *huuuiii!* – in einer ganz fremden Umgebung wieder. Es ist mitten in der Nacht, aber trotzdem wieder viel zu warm, als dass Schnee auf dem staubigen Boden liegenbleiben könnte. Und an Schlaf ist auch nicht zu denken, bei dem Lärm! Die Kirchenglocken läuten und Kinder rennen mit Bambuskanonen durcheinander – das sieht vielleicht lustig aus! Ach, dort hinten läuft sogar eine kleine Blaskapelle. Und am Sternenhimmel explodieren bunte Feuerwerksraketen.

„Hast du dich vielleicht im Tag geirrt, und das hier ist Silvester?", grinst Luka.

„Nein, nein", kichert Nayra. „Ab heute gehen die Menschen auf den Philippinen jeden Morgen bis Heiligabend beim ersten Hahnenschrei in die *Misa de Gallo,* die Hahnenmesse."

„Bei dem Lärm kann zwar morgens niemand mehr den Hahn krähen hören, aber zumindest verschläft der Hahn selbst auch nicht", stellt Luka lachend fest.

„So macht das frühe Aufstehen eben mehr Spaß", nickt Nayra und tanzt ein wenig zur Blasmusik. „Und nach dem Gottesdienst treffen sich die Menschen zum Frühstück im Kirchhof und erwarten gemeinsam den Sonnenaufgang."

„Das klingt ja schön!", strahlt Luka. „Ich glaube, dafür würde ich auch mal so früh aufstehen!"

Eine weitere weite Reise bringt Luka und Nayra Weihnachtsstern – *schwuuuuups!* –
in ein weiteres sommerlich warmes Land.

„Wir sind im Zoo von Johannesburg, der größten Stadt Südafrikas. Jetzt zur Weihnachtszeit
brennt hier jeden Abend der *Tree of Lights*, und die Johannesburger feiern seine frohe Botschaft",
sagt Nayra.

„Was brennt? Und welche Botschaft?", fragt Luka verwirrt. Nayra ist zu schnell für ihn.

„*Tree of Lights* heißt der riesige Weihnachtsbaum dort. Er besteht nur aus Lichtkugeln –
allerdings 10.000 davon! Diese können die Menschen vorher für einen ihrer Lieben,
einen Kranken oder einen Verstorbenen kaufen", erklärt Nayra.

„Da kommen ja dann viele schöne Gedanken zusammen", schließt Luka.

„Ja, genau. Und zusätzlich wird mit dem Verkauf der Kugeln sehr kranken Menschen geholfen."

„Super! Aber gibt es in Südafrika denn keine normalen Weihnachtsbäume?",
wundert sich Luka.

„Nein, solche, wie du sie kennst, gibt es tatsächlich nicht. Tannen würden hier in
der Hitze ganz schnell braun und trocken werden. Aber es gibt trotzdem auch
Bäume, die nicht nur aus Lichtern bestehen. Normalerweise sind das dann
Guaven- oder Affenbrotbäume."

„Oh, das sieht bestimmt sehr lustig aus. Vielleicht kann ich
Mama ja mal überzeugen, dass wir auch einen
ganz anderen Baum nehmen", lacht Luka.

Wieder geht es ganz schnell, schon stehen Luka und
Nayra – *swusch!* – in einem festlich geschmückten Wohnzimmer.
  „Oh, das sieht ein bisschen aus wie bei uns zu Weihnachten", stellt Luka zufrieden fest.
  „Erst wird lecker gegessen und später gibt es die Geschenke."
  „Nein, in Russland ist alles ein bisschen durcheinandergewürfelt mit den Festen", kichert Nayra.
  „Weihnachten wird nach Silvester gefeiert. Und die Geschenke legen *Väterchen Frost* und seine Enkelin
Snjegurotschka, das Schneeflöckchen, schon zum Neujahrsfest unter den Tannenbaum."
Luka kratzt sich verwirrt am Kopf. „Und an Weihnachten?"
  „Wenn der erste Stern am Weihnachtsabend aufgeht, beginnt für die Russen ein zwölfgängiges Festessen."
  „Aber einer der Gäste hatte wohl keine Lust", wundert sich Luka und deutet auf einen leeren Platz.
  „Nein, nein, hier wird immer ein Platz für einen unerwarteten Gast gedeckt", erklärt Nayra.
  „Super, dann haben die Russen wohl nichts dagegen, wenn wir ein bisschen mitessen.
Ich hab einen Bärenhunger!", freut sich Luka so übermütig, dass Nayra lachen muss.
  „Bestimmt nicht!", sagt sie und steckt sich genüsslich eine kleine Teigtasche in den Mund.

Wow, so bunt ist Weihnachten auf der Welt?! Luka kann es immer noch gar nicht glauben. Schneemänner aus Sand, Weihnachtskerzen auf dem Kopf, ein Baum nur aus Licht, Geschenke zu Silvester und eine Blaskapelle mitten in der Nacht?
„Das kann doch alles gar nicht stimmen!", denkt Luka. „Nein, das war bestimmt nur ein ganz verrückter Traum!"
„Doch, das gibt es alles wirklich!", hört Luka Nayra auf einmal flüstern.
„Und, was denkst du nun: Wer auf der Welt feiert am schönsten Weihnachten?", fragt sie ganz leise, kurz bevor Luka allmählich aufwacht.

Was für ein verrückter Traum, den Luka da hatte! Aber immerhin: In einer so warmwonnigen Weihnachtsstimmung wie an diesem Heiligen Abend war er noch nie!

„Frohe Weihnachten, mein Schatz", sagt Mama und drückt Luka einen dicken Kuss auf die Wange. „Ist das nicht der schönste Weihnachtsbaum, den du je gesehen hast?"

„Und die Lebkuchen sind die leckersten weit und breit!", ist sich Papa sicher.

„Ja, unseres ist das schönste Weihnachtsfest überhaupt!", schwärmt auch Lukas Schwester Svenja.

Luka guckt verwirrt. Er weiß nicht so recht. Die Weihnachtsbräuche in den anderen Ländern waren ja auch alle wunderschön – jeder auf seine Weise! Kann man da wirklich sagen, dass irgendeiner besser oder schöner ist als die anderen?

„Eines ist auf jeden Fall sicher", verkündet Luka schließlich.
„Ganz egal, wie man feiert, Weihnachten ist und bleibt das
allertollste Fest auf der Welt!"
Da können Mama, Papa und Svenja nur zustimmen,
und sie verbringen noch einen herrlich gemütlichen
gemeinsamen Weihnachtsabend.

Fröhliche Weihnachten!

Bibliografische Information der Deutschen Bibliothek
Die Deutsche Bibliothek verzeichnet diese Publikation in der Deutschen Nationalbibliografie;
detaillierte bibliografische Daten sind im Internet über http://dnb.ddb.de abrufbar.

3. Auflage 2023
© 2017 Verlag Ernst Kaufmann, Lahr

Printed by ADverts Printing House
ISBN 978-3-7806-6290-3